New Media Management.
Rankingfaktoren und Fake News

Bibliografische Information der Deutschen Nationalbibliothek:

Die Deutsche Nationalbibliothek verzeichnet diese Publikation in der Deutschen Nationalbibliografie; detaillierte bibliografische Daten sind im Internet über http://dnb.d-nb.de abrufbar.

ISBN: 9783346948366
Dieses Buch ist auch als E-Book erhältlich.

Druck und Bindung: Books on Demand GmbH, Norderstedt Germany
Gedruckt auf säurefreiem Papier aus verantwortungsvollen Quellen

Das vorliegende Werk wurde sorgfältig erarbeitet. Dennoch übernehmen Autoren und Verlag für die Richtigkeit von Angaben, Hinweisen, Links und Ratschlägen sowie eventuelle Druckfehler keine Haftung.

Das Buch bei GRIN: https://www.grin.com/document/1399603

Einsendeaufgabe

New Media Management

SRH Fernhochschule
Medien- und Kommunikationsmanagement

Inhaltsverzeichnis

1   Aufgabe 1

1.1   Rankingfaktoren

Um mit einem Unternehmen erfolgreich zu werden, benötigt jeder einen Social Media Auftritt bei Facebook und Instagram. Dies ist jedoch nicht ausreichend. Die meisten Menschen geben einen bestimmten Begriff in die Google Suchmaschine ein und erhalten dann eine Vielzahl von Websites. Damit eine Website ganz vorne erscheint, muss der Website Betreiber einige Vorkehrungen treffen, um überhaupt im Suchindex aufgenommen zu werden und in den Suchergebnissen zu erscheinen. Mithilfe von Rankingfaktoren können Websites im Suchindex aufgenommen werden, jedoch mit einigen vorgegebenen Kriterien der Suchmaschine.[1] Der Begriff „Rankingfaktor" ist ein wichtiger Begriff im Bereich der SEO. SEO ist die Abkürzung für Suchmaschinenoptimierung (engl. Search Engine Optimization). Ziele der Suchmaschinenoptimierung ist nicht nur das Erreichen einer guten Position bei den Suchergebnissen, sondern auch das Erreichen höhere Umsätze im eigenen Online-Shop. Die Reichweite kann dadurch erhöht werden und somit wird die eigene Marke oder die eigene Person bekannter.

Zwei weitere wichtige Begriffe in der Suchmaschinenoptimierung sind Onpage und Offpage. Onpage betrifft alle Maßnahmen, die auf der Website durchgeführt werden, wie zum Beispiel Content Bearbeitung, technische Optimierung sowie mobile Optimierung. Das bedeutet jede Website sollte auch für das Smartphone geeignet sein.[2] Bei der Offpage Optimierung geht es um die Steigerung der Domainpopularität, damit man mehr Backlinks erhält. Weiters wird die Sichtbarkeit erhöht, mithilfe von hochwertigen Conent und Social Media Profilen.[3]

Rankingfaktoren kann man als Eigenschaften der Website verstehen und beeinflussen somit die Platzierungen innerhalb der Suchmaschine.[4] Bei der Berechnung der Rankingfaktoren arbeitet ein maschineller Algorithmus. Dieser verarbeitet die Ergebnisse der Suchmaschinen. Die Ergebnisse in einer

---

[1] Vgl. Pagerangers
[2] Vgl. searchmetrics
[3] Vgl. searchmetrics
[4] Vgl. mso Digital

absteigenden Reihenfolge zu erhalten, ist das Ziel. Jedoch ist es streng geheim nach welchen Kriterien die Suchmaschinen arbeiten und wie die Websiten bewertet werden, die für den Erfolg verantwortlich sind.[5] Die konkrete Anzahl an Rankingfaktoren ist mit dem Google Algorithmus nicht bekannt, jedoch gibt es einige Faktoren, die sich positiv auf das Ranking der Websites auswirken können.

1.1.1 Backlink

Eines des höher gewichtigeren Rankingfaktoren ist ein Backlink. Backlink bedeutet Rückverweis. Dies ist ein Link der auf einer fremden Webseite zu einer anderen Website verweist.[6] Um so mehr wichtige Backlinks eine Website hat, je populärer wird die Website im Internet erscheinen.[7] Im Endeffekt besteht das World Wide Web (WWW) aus vielen verschiedenen Seiten, die sich untereinander verlinken. Unterschieden werden Interne- und Externe Verlinkungen. Interne Verlinkungen sind Verknüpfungen zwischen einzelne Inhalte auf der Website, die selbst eingefügt werden.[8] Externe Verlinkungen sind Verweise auf andere Websites, die im eigenen Inhalt eingesetzt werden.[9]

Um Backlinks auf der Website zu erhalten, gibt es mehrere Möglichkeiten. Zum Beispiel ist es hilfreich die eigene Website in den Social Media Profilen zu verlinken, sowie anderen Influencern über sich zu berichten und auf deren Seiten verlinkt zu werden. Eine weitere Möglichkeit ist ein Leitfaden auf der Website mit tausenden Wörtern mit allen wichtigen Aspekten über das Unternehmen.

Das Ranking-Potenzial bei der Website steigt, je mehr hochwertige und zum Thema passende Backlinks vorhanden sind.

Es gibt mehrere Arten von Backlinks in unterschiedlicher Qualität. Beispiele für Backlinks sind der „earned Backlink" der von einem fremden Webmaster freiwilig verlinkt wird.[10] Der „owned Backlink" wird selbst auf der eigenen Website

---

[5] Vgl. Pageranger
[6] Vgl. SEO Küche, 2021
[7] Vgl. SEO Küche, 2021
[8] Vgl. Glock, 2022
[9] Vgl. Glock, 2022
[10] Vgl. Brosy

platziert.[11] Der „paid Backlink" ist eine bezahlte Verlinkung auf einer fremden Website, dieser wird auch als „sponsored" bezeichnet.[12]

Mit den Qualitätskriterien kann die Natürlichkeit der Backlinks überprüft werden. Einer der Qualitätskriterien ist die Autorität der verlinkenden Website. Mehr Gewicht hat eine große vertrauenswürdige Website als eine unbekannte. Weiters ist es wichtig, dass die Verlinkungen der Backlinks thematisch zusammenpassen und einen Sinn ergeben. Ein weiterer wichtiger Punkt ist das Verwenden eines Ankertexts. Hierbei werden links innerhalb eines Texts verlinkt.[13]

Backlinks bestehen aus einer URL die ein Link-Ziel, sowie aus einem Medium das angeklickt werden kann. Zum Beispiel aus einem Medium oder Text. Ein moderner Backlink ist ein QR-Code.[14]

1.1.2 Qualität der Website

Wird der Inhalt einer Website von den Google Suchmaschinen als relevant angesehen, wird die Website durch eine hohe Positionierung in der Suchmaschine belohnt. Basierend auf bestimmte Faktoren, wie Lesbarkeit, Backlinks, Qualität des Textes, sowie die Verwendung von multimedialer Inhalte sind entscheidende Faktoren. Bei der Qualität des Textes wird auf die Schriftart, die Ausdrücke, Schlüsselwörter sowie die Wortanzahl geachtet.[15] Um einen qualitativ hochwertigen Text zu verfassen, gibt es einiges zu beachten. Der Inhalt einer Website sollte vertrauensvoll gestaltet sein, in dem man seine Informationen kontrolliert, ob diese auch korrekt sind. Ein weiterer Punkt ist, die Website immer zu aktualisieren, damit diese nicht veralten. Weiters ist die Verdeutlichung welches Ziel die Website verfolgt und der Mehrwert, den die Website Besucher bekommen. Die Informationen einer Website sollten strukturiert und organisiert sein, sowie vollständige Informationen enthalten, um den Besuchern einen Mehrwert zu bieten. Gründliche Recherche und Verlinkung

---

[11] Vgl. Brosy
[12] Vgl. Brosy
[13] Vgl. Brosy
[14] Vgl. searchmetrics
[15] Vgl. R marketing

der Quellen sind wichtig, um qualitativ hochwertige Website zu verfassen.[16] Außerdem ist das Gesamtbild der Website sehr wichtig. Ein stimmiges Layout sowie das Verwenden von Bildern. Die Website sollte für jeden ansprechend gestaltet sein, sowie bedienbar sein. Ziel ist es, dass auch Menschen mit Behinderung Websites aufrufen können, um bestimmte Information zu erhalten. Außerdem ist es wichtig zu prüfen, ob die Website mit jedem Browser abrufbar ist. Sie sollte auch mit jedem Endgerät kompatibel sein, zum Beispiel Smartphone und Tablet.

Das Design ist ein weiterer wichtiger Punkt bei der Qualität der Website. Die Website sollte mit dem Design des Unternehmens zusammenpassen. Wichtig sind die Farbauswahl und eine gute Lesbarkeit des Textes. Sowie Animationen und das richtige einsetzten von Call- To- Actions, um dem Besucher eine benutzerfreundliche Website zu bieten.[17]

Um dem Besucher eine benutzerfreundliche Website zu bieten, ist die Navigation wichtig. Die Navigation sollte einfach und schnell zu bedienen sein, eine gute Übersicht haben, sowie für jede Display Größe angepasst werden können.

Mithilfe eines Rankingsystems werden die Websites mit einem Punktesystem von 1 bis 10 gewertet. Hat eine Website die höchste Punkteanzahl 10 bekommen, wird sie in den jeweiligen Suchmaschinen ganz vorne angezeigt.[18]

Um vorab zu überprüfen, ob eine Website qualitativ hochwertig ist, gibt es einige Tools um die Website zu analysieren und zu prüfen. Der bekannteste ist „Google Analytics". Ein kostenloser Dienst von Google, der die Besucher und deren Verhalten analysiert. Weitere sind zum Beispiel „Lighthouse", dies ist ein kostenloses Open-Source-Tool zur Verbesserung der Qualität. Ein weiteres Beispiel ist „Search Console", dieser kostenlose Dienst überwacht die Präsenz der Website, sowie die Funktionalität bei mobilen Geräten.[19]

---

[16] Vgl. Weyers, 2021
[17] Vgl. Weyers, 2021
[18] Vgl. R marketing
[19] Vgl. Weyers, 2021

2 Aufgabe 2

2.1 Leichtgewichtige Rankingfaktoren

Leichtgewichtige Rankingfaktoren werden auch als „Tie-Breaker" bezeichnet. Diese kommen zum Einsatz, wenn Websites gleich bewertet werden. Die wichtigsten Tie Breaker sind HTTPS und die Pagespeed beziehungsweise die Ladezeit.[20]

2.1.1 HTTPS

HTTPS steht ist Abkürzung für „Hypertest Transfer Protokoll Secure".[21] HTTPS, sowie das HTTPS-Protokoll ist ein Kommunikationsprotokoll, das zur Datenübertragung im Internet dient.[22] Seit 1994 ist HTTPS für die Verschlüsselung von Daten im Internet verantwortlich.[23] Die HTTPS und HTTP sind wichtig für eine sichere, verschlüsselte, sowie abhörsichere Übertragung der Daten im Internet. HTTPS zeigt an, dass eine Website ein Sicherheitsprotokoll verwendet. Der Unterschied von HTTPS und HTTP besteht im Verschlüsselungsprotokoll SSL/TLS um die Daten sicher zu Übertragen.[24] Eine sichere HTTPS Verbindung kann man an der Adresszeile im Browser erkennen. Weiters ist eine sichere HTTPS ein wichtiger Bestandteil von Onlineshops, sowie Online-Überweisungen. Dabei wird eine sichere Verschlüsselung mit TSL/SSL benötigt, sowie eine Authentifizierung mit einem SSL-Zertifikat.[25]

---

[20] Vgl. Kunz, 2021
[21] Vgl. Sistrix, 2020
[22] Vgl. Sistrix, 2020
[23] Vgl. web neo
[24] Vgl. Sistrix, 2020
[25] Vgl. web neo

2.1.1.1SSL

SSL ist die Abkürzung von dem englisch sprachigen Begriff „Secure Sockets Layer" und ist für die verschlüsselte Verbindung zwischen Website und Browser verantwortlich. Diese Verschlüsselung die Website und Server verbindet, nennt man auch „SSL-Handshake" und wird durch eine lange, zufällige Zahlenkombination verschlüsselt.[26] SSL ist eine wichtige Funktion, damit die Daten im Internet sicher vor Kriminalität im Internet sind.

2.1.1.2TLS

TLS ist die Abkürzung für „Transport Layer Security" und ist der Nachfolger von SSL.[27] Als Nachfolge Konzept ist TLS sicherer als der Vorgänger.
SSL-Zertifikate gibt es in drei qualitativen Sicherheitsstufen und ist für den Nutzer nicht sichtbar, welches Zertifikat genutzt wird. Die niedrigste Sicherheitsstufe hat das Domain Validated-Zertifikat (DV SSL), die mittlere Sicherheitsstufe erhält man mit dem Organization Validated-Zertifikat (OV SSL), sowie die höchste Sicherheitsstufe mit Extended Validation-Zertifikat (EV SSL).[28] Sie sind bis zu zwei Jahre gültig. Nach Ablauf muss der Webmaster das Zertifikat erneuern, ansonsten wird die Website als nicht sicher gekennzeichnet.

HTTPS ist sehr wichtig für einen sicheren Datentransfer im Internet. Im August 2014 wurde HTTPS von Google erstmals als Rankingfaktor verwendet. Jedoch wurde die Relevanz des Ranking-Signals unter 1% gewichtet und ist somit ein leichtgewichtiger Rankingfaktor mit zukünftiger Aussicht stärker gewichtet zu werden.[29] HTTPS wurde ein Rankingfaktor, um ein Zeichen zu setzen, betreffend dem Datenschutz und Sicherheit im Internet, in Zeiten der Ausspähungen der NSA.[30] Google konnte die Ausspähungen durch die HTTPS erschweren und somit vermindern. Weiters wurde Sicherheit im Internet noch wichtiger um die WLAN-Verbindungen sicherer machen.

---

[26] Vgl. Herold, 2022
[27] Vgl. Herold, 2022
[28] Vgl. Herold, 2022
[29] Vgl. Herold, 2022
[30] Vgl. web neo

2.1.2 Pagespeed bzw. Ladezeit

Täglich werden mehrere Websites aufgerufen, wie Social-Media Plattformen, Websites zum Online-Einkauf und noch viele mehr. Die Nutzer erwarten eine schnelle Ladezeit, damit diese nicht die Geduld verlieren und wegklicken. Unter Pagespeed, die Seitengeschwindigkeit, versteht man, die Zeit ab der Anfrage einer Webseite bis zum vollständigen Anzeigen der Seite, und die Darstellung des gesamten Inhalts. Die Ladezeit wird auch Seitenladezeit genannt. Sie wird ab Beginn der Benutzung der Navigation bis zum Beginn des Ladevorgang einer Website gemessen.[31] Pagespeed und Ladezeit beschreiben ähnliche Begriffe, Pagespeed beschreibt die tatsächliche Zeit und die Ladezeit ist die Zeit, die der Nutzer beim Besuch einer Website empfindet.[32]

Laut einer Studie von Pingdom beträgt die Durchschnittliche Ladezeit 3,21 Sekunden.[33] Jedoch ist die Schnelligkeit, Nutzer abhängig und wird von jedem unterschiedlich empfunden. Um zu messen, wie lange die Ladezeit einer Website beträgt, kann mit dem kostenlosen Tool „Google PageSpeed Insights" von Google gemessen werden. Es gibt neben Google, die alterantiven Anwendungen wie „WebPageTest" oder „Pingdom".[34]

2.1.2.1 Core Web Vitals

Um die Pagespeed zu testen, werden die Core Web Vitals von Google verwendet. Mit der Google Search Console können die Werte der Pagespeed erfasst werden. Es gibt drei verschiedene Werte, die die Geschwindigkeit des Websiteaufbaus erfassen. Die Largest Contentful Paint (LCP), First Input Delay (FID) und Cumulative Layout Shift (CLS). Die LCP misst die Zeit vom Seitenaufruf, bis das Hauptelement geladen wird. FID misst die Zeit ab dem Start einer Interaktion bis zum Scrollen durch den User. CLS der dritte Wert, misst

---

[31] Vgl. Klopp, 2021
[32] Vgl. Klopp, 2021
[33] Vgl. Lapp, 2020
[34] Vgl. Lapp, 2020

ungeplante Layoutverschiebungen durch einen Ladevorgang auf einer Website.[35]

2.1.2.2 Website-Performance

Die Website-Performance ist entscheidend für die Ladegeschwindigkeit. Es gibt mehrere Arten der Website-Performance, die sich auf die Nutzerfreundlichkeit einer Website auswirken. Die Größe und das Gewicht einer Website misst die Ladezeit der Inhalte der gesamten Website. Die Response Time beziehungsweise Firstbyte Time den Zeitraum, ab Anfrage der Website bis zum Laden des ersten Bytes der Seite. Die Page Load Time misst die Zeit ab dem ersten Klick bis zum vollständigen Laden der gesamten Website.[36]

Die Pagespeed zählt zwar nicht zu den höher gewichtigen Rankingfaktoren, wie Backlinks und Content, ist jedoch nicht unwichtig auf die User Experience. Daher ist es wichtig die Pagespeed nicht ganz außer Acht zu lassen, damit Nutzer nicht das Interesse an einer Website verlieren, die zu langsam ist. Um die Pagespeed zu verbessern, gibt es mehrere Möglichkeiten. Bilder einer Website sollten die richtige Größe haben, zu große können die Ladezeit verschlechtern.[37]

Eine weitere Möglichkeit ist die Dateigröße einer Website zu verbessern. Das Layout einer Website sollte so gestaltet werden, dass die Seite nutzerfreundlich für jedes Endgerät ist, wie PC, Laptop, Tablet oder Smartphone. Mit der Gzip-Komprimierung wird die Größe einer Datei auf der Website, zum Webbrowser gesendet und kann somit verringert werden. Eine weitere Möglichkeit ist mithilfe von Browser-Caching Inhalte auf einer Website die häufig angefragt werden, zwischenzuspeichern damit sie nicht jedes Mal neu geladen werden müssen.[38] Ein leistungsschwacher oder billiger Server kann auch zu langen Ladezeiten führen.

---

[35] Vgl. Vogel
[36] Vgl. Vogel
[37] Vgl. Boob
[38] Vgl. Lapp, 2020

3 Aufgabe 3

3.1 Fake News

Täglich bekommen wir die neuesten Meldungen, Fakten und Daten, die für uns leicht zugänglich über das Internet sowie direkt am Smartphone abrufbar sind. Jedoch sind nicht alle Meldungen echt, sondern Fake News. Dies wurde durch die sozialen Netzwerke, vor allem zu Beginn der Corona Pandemie deutlicher. Der Begriff Fake News heißt übersetzt Falschmeldungen. Fake News sind Meldungen und Artikel, die mit falschen Informationen im Internet verbreitet werden. Es sollte zwischen Falschmeldungen und fehlerhaften Informationen unterschieden werden. Falschmeldungen sind meist frei erfunden und dienen dazu Angst zu verbreiten. Durch Fake News kann auch Hass, Beeinflussung sowie Hetze auf bestimmte Personen oder Gruppen übertragen werden.[39] Falschmeldungen haben meistens einen aufdringlichen Clickbait der für mehr Klicks für eine Website verantwortlich ist. Clickbait bedeutet übersetzt „ködern". Vorgetäuschte Informationen können mit Phishing-Mails geködert werden bis hin zum Identitätsdiebstahl. Es gibt mehrere Arten von Fake News. Neben den falschen Überschriften können Falschmeldungen mit gezielter Desinformation, erfundener Meldung verbreitet werden. Meist werden in den sozialen Medien, diese falschen Inhalte an bestimmte Gruppen gesendet, da diese dafür sehr empfänglich sind.[40] Ein Beispiel dafür ist die Plattform TikTok.

Fake News sind von den echten Meldungen fast nicht zu unterscheiden. Um Falschmeldungen zu erkennen, ist ein wichtiger Punkt die Frage nach der Quelle,

---

[39] Vgl. Stadt Wien
[40] Vgl. Digital Guide IONOS, 2021

sowie die Frage nach den Fakten. Weiters sollte man immer das Datum und die URL überprüfen.[41]

Die Auswirkung auf die Gesellschaft von Fake News begünstigen das Misstrauen der Menschen gegenüber den Medien und den Berichterstattungen.[42] Ein Grund dafür ist, dass Jeder Inhalte in das Internet stellen kann oder auf den Social-Media-Kanälen teilen kann. Um die Verbreitung von Fake News zu verbessern, werden auf den Social Media Plattformen die Kontrollmaßnahmen verstärkt. Die Plattformen haben unterschiedliche Maßnahmen wie sie mit Fake News umgehen. Die Corona Pandemie hat gezeigt wie schnell sich Fake News im Internet verbreiten können. Vor allem auf der Video Plattform YouTube haben sich Videos mit den verschiedensten Verschwörungstheorien und Fake News schnell verbreitet. Deshalb hat die YouTube Plattform ihre Richtlinien verschärft und Videos mit frei erfundenen Inhalten mussten gelöscht werden.[43] Auch Facebook hat die Maßnahmen verstärkt. Posts mit einem Inhalt, die sich nicht als wahr erwiesen haben, werden mit einem Hinweis markiert. Weiters arbeitet Facebook mit der Deutschen Presse-Agentur (dpa) zusammen um gemeinsam gegen Fake News permanent vorzugehen.[44]

3.1.1 Google und Fake News

1998 wurde Google von den beiden Informatikstudenten Larry Page und Sergey Brin im Menlo Park in Kalifornien gegründet.[45] Heute ist Google die Suchmaschine, die im Internet am meisten genutzt wird. Die Suchmaschine war anfänglich ein Projekt für eine digitale Bibliothek. Das erste Suchmaschinen Projekt benannten sie BackRub, dies war das erste Projekt, indem Backlink Daten verwendet wurden.[46] Larry Page und Sergey Brin gingen davon aus, dass die Seiten mit den meisten Links von ihnen, mit anderen relevanten Seiten die wichtigsten sind.[47] Dies war das Basiskonzept von Google und wurde

[41] Vgl. Digital Guide IONOS, 2021
[42] Vgl. Digital Guide IONOS, 2021
[43] Vgl. Digital Guide IONOS, 2021
[44] Vgl. Digital Guide IONOS, 2021
[45] Vgl. History
[46] Vgl. History
[47] Vgl. History

markenrechtlich mit den Namen PageRank geschützt[48] Mit diesem Algorithmus werden die Website höher gewichtet je mehr Links sie haben. Heute beeinflussen mehr Faktoren dieses Ranking.

Um besser Fake News zu erkennen, erschafft Google eine neue Funktion, die es Nutzern einfacher macht. Mit dieser neuen Funktion soll man erkennen können, welche Quellen vertrauenswürdig sind.[49] Zur Verbreitung von Fake News kommen sehr häufig neben den Algorithmen die Social Bots zum Einsatz. Social Bots sind Softwareroboter, die in den sozialen Medien eingesetzt werden.[50] Sie sind Roboter die sich mit Fake Profilen als Menschen ausgeben und in den sozialen Medien Falschmeldungen verbreiten können.[51] Nicht nur Nachrichten können manipuliert werden, sondern auch Fotos, Videos und Audios, können so manipuliert werden, dass die Echtheit nicht mehr erkennbar ist.[52]

Google versucht mit Hilfe von Algorithmen ein Ranking von seriösen Seiten zu erstellen. Google nimmt hierbei Seiten, die sehr oft angeklickt werden und welche die mit anderen seriösen Websiten verlinkt sind.[53] Im Dezember 2019 wurde der Medienstaatsvertrag beschlossen. Dieser soll Medienintermediäre verpflichten, Inhalte aus dem journalistischen-redaktionellen Bereich von Dritten zu präsentieren, jedoch keine abgeschlossene Auswahl von Inhalten bieten.[54] Als Medienintermediäre bezeichnet man Personen die Inhalte vermitteln zwischen denjenigen, die Inhalte produzieren und denjenigen die sie nutzen.[55] Das Videoportal YouTube, Google und die sozialen Netzwerke sind Beispiele für Medienintermediäre. Für Transparenz im Medienstaatsvertrag sollen die Kriterien offengelegt werden und Inhalte von Social Bots gekennzeichnet werden. Sorgfaltspflicht gilt vor allem bei Berichterstattung und Informationssendungen. Geprüft werden soll der Wahrheitsgehalt und die Herkunft der Informationen. In Zukunft wird sich zeigen ob diese Regelungen umgesetzt werden können.[56]

---

[48] Vgl. Ryte Wiki
[49] Vgl. Züllig, 2022
[50] Vgl. Bendel
[51] Vgl. Bendel
[52] Vgl. Imz
[53] Vgl. Imz
[54] Vgl. Imz
[55] Vgl. Zebra
[56] Vgl. Imz

3.2 Beurteilung der Rankingfaktoren von Google

Es gibt über 200 Ranking Faktoren von Google mit denen Websiten beurteilt werden. Wie der exakte Algorithmus des Rankings funktioniert, weiß niemand. Auch ändert sich dieser ständig. Um im Google Such Ranking weit oben zu stehen, spielen nur wenige Faktoren mit, die bekannt sind. Je qualitativer der Inhalt einer Website, desto höher steht die Website in den Suchergebnissen. Zu Beginn der Rankingfaktoren standen die technische basierten Rankingfaktoren wie Backlinks im Vordergrund. Zum jetzigen Zeitpunkt wurden die Backlinks ergänzt mit den User-Signalen. Google verwendet circa 200 bis 400 Rankingfaktoren zur Beurteilung der Bedeutung einer Seite, die in Bezug zu einem bestimmten Keyword stehen.[57] Wie stark die Faktoren gewichtet werden, weiß nur Google selbst. Einige der Rankingfaktoren wurden von Google selbst belegt. Mit Google Trends kann man ermitteln, welche Keywords am häufigsten in die Suchmaschine eingegeben werden. Weiteres kann man anhand der Trends erkennen, wie sie sich im Laufe der Zeit verändern. Welchen Einfluss Google dabei hat, ist jedoch unklar.[58] Um eine dauerhafte gute Platzierung zu erreichen, sollten die Inhalte relevant und gut aufbereitet sein um der Nutzerintention zu entsprechen.[59]

3.3 Macht der Suchmaschine

Marktführer, im Desktop-Suchmaschinen-Markt weltweit, war Google mit einem Anteil von 80 Prozent der Suchanfragen im Jänner 2022.[60] Suchmaschinen haben eine große Macht innerhalb der Medienwelt erlangt. Sie entscheiden, was wir sehen, lesen oder hören. Die Suchmaschinen im Internet haben eine enorm große Fülle an Informationen die vorstrukturiert wird, die wir dann konsumieren können.[61] Mit dem Google Algorithmus sortiert Google die Resultate nach ihrer

---

[57] Vgl. Lammenett, 2019, S. 233
[58] Vgl. Czysch, 2017, S. 24-25
[59] Vgl. Czysch, 2017, S. 12
[60] Vgl. statista, 2022
[61] Vgl. Arp, 2006

Relevanz. Dabei zeigt Google personalisierte Suchergebnisse durch eine Analyse vergangener Suchanfragen.[62] Google kann das genaue Nutzerverhalten anhand des Klickverhaltens, des Suchverlaufs und der Aufenthaltsdauer feststellen.[63] Ziel ist es, die Benutzerfreundlichkeit zu verbessern, sowie Entscheidungen zur Marktstrategie für einen neuen Exportmarkt zu treffen.[64]

---

[62] Vgl. Computerwissen, 2020
[63] Vgl. Google
[64] Vgl. Google

4 Literaturverzeichnis

Arp, A. (29. Juni 2006). *Deutschlandfunk*. Abgerufen am Dezember 2022 von
https://www.deutschlandfunk.de/die-wachsende-macht-der-suchmaschinen-im-
internet-100.html

Bendel, P. D. (kein Datum). *Gabler Wirtschaftslexikon*. Abgerufen am Dezember 2022
von https://wirtschaftslexikon.gabler.de/definition/social-bots-54247

Boob, L. (kein Datum). *Vabelhavt*. Abgerufen am Dezember 2022 von
https://www.vabelhavt.at/pagespeed-ladezeit/

Brosy, M. (kein Datum). *powerd by impuls*. Von https://impulsq.de/mega/backlinks-der-
gehasste-und-unterschaetzte-rankingfaktor/ abgerufen

Computerwissen. (10. Dezember 2020). *Computerwissen*. Abgerufen am Dezember
2022 von https://www.computerwissen.de/internet-und-
netzwerk/suchmaschine/google/

Czysch, S. (2017). *SEO mit Google search Console*. O'Reilly.

Digital Guide IONOS. (9. Juli 2021). Abgerufen am Dezember 2022 von
https://www.ionos.at/digitalguide/online-marketing/social-media/was-sind-fake-
news/

Glock, B. (13. Mai 2022). *Evergreen media*. Abgerufen am Juni 2022 von
https://www.evergreenmedia.at/ratgeber/backlinks/

Google. (kein Datum). *Think with Google*. Abgerufen am Dezember 2022 von
https://marketfinder.thinkwithgoogle.com/intl/de_at/guide/how-to-measure-user-
behaviour

Herold, C. T. (17. Februar 2022). *Herold*. Abgerufen am Dezember 2022 von
https://www.herold.at/ratgeber/website-erstellen/ssl-zertifikat-
kaufen/?cid=18884329585&aid=143749109895&kw=&gclid=Cj0KCQiA14Wd
BhD8ARIsANao07i4Ft3WXray0FBi1yAEeSpQ1X2ylcg7dynYRY3PW-
2PXanfqqCacZ4aAv80EALw_wcB

History. (kein Datum). (The History Channel Germany GmbH & Co. KG) Abgerufen
am Dezember 2022 von https://www.history.de/heute-vor/detail/gruendung-von-
google.html

Klopp, O. (27. Dezember 2021). *Aufgesang*. Abgerufen am Dezember 2022 von
https://www.sem-deutschland.de/blog/page-speed-seo-
ranking/#Grundlegendes_zu_Pagespeed_Ladezeit_und_Core_Web_Vitals

Kunz, C. (6. Mai 2021). *SEO Südwest*. Abgerufen am Dezember 2022 von
https://www.seo-suedwest.de/6682-google-erklaert-unterschied-zwischen-
starken-rankingfaktoren-und-tie-breakern.html

Lammenett, E. (2019). *Praxiswissen Online-Marketing*. Springer-Verlag.

Lapp, J. (10. September 2020). *HubSpot*. Abgerufen am Dezember 2022 von
https://blog.hubspot.de/marketing/pagespeed

lmz. (kein Datum). Abgerufen am Dezember 2022 von https://www.lmz-
bw.de/medienbildung/themen-von-f-bis-z/hatespeech-und-fake-news/fake-
news/was-sind-fake-news

mso Digital. (kein Datum). Abgerufen am Juni 2022 von https://www.mso-
digital.de/wiki/rankingfaktor/

Pagerangers. (kein Datum). (PageRangers GmbH) Abgerufen am Mai 2022 von
https://pagerangers.com/seo-handbuch/onpage/allgemein/was-sind-
rankingfaktoren/

R marketing. (kein Datum). Abgerufen am September 2022 von
https://rmarketingdigital.com/de/wiki/inhaltliche-relevanz/

Ryte Wiki. (kein Datum). Abgerufen am Dezember 2022 von
https://de.ryte.com/wiki/PageRank

searchmetrics. (kein Datum). Abgerufen am Juni 2022 von
https://www.searchmetrics.com/de/glossar/suchmaschinenoptimierung/

SEO Küche. (29. Oktober 2021). (SEO-Küche Internet Marketing GmbH & Co. KG)
Abgerufen am Mai 2022 von https://www.seo-kueche.de/lexikon/backlink/

Sistrix, C. T. (18. Dezember 2020). *Sistrix*. Abgerufen am Dezember 2022 von
https://www.sistrix.de/frag-sistrix/google-updates/https-ranking-faktor-update

Stadt Wien. (kein Datum). Abgerufen am Dezember 2022 von
https://www.wien.gv.at/medien/fake-news/was-sind-fake-news.html

statista. (Februar 2022). Abgerufen am Dezember 2022 von
https://de.statista.com/statistik/daten/studie/222849/umfrage/marktanteile-der-
suchmaschinen-weltweit/

Vogel, C. (kein Datum). *Kundenwachstum.de*. Abgerufen am Dezember 2022 von
https://kundenwachstum.de/page-speed/#pagespeed

web neo. (kein Datum). Abgerufen am Dezember 2022 von
https://www.webneo.de/blog/bessere-google-rankings-durch-https-
verschluesselung/

Weyers, J. (10. Mai 2021). *exovia*. Abgerufen am September 2022 von
https://www.exovia.de/journal/website-analyse/

Züllig, Y. (18. August 2022). *netzwoche*. Abgerufen am Dezember 2022 von
https://www.netzwoche.ch/news/2022-08-18/google-suche-will-es-fake-news-
schwerer-machen

Zebra. (kein Datum). Abgerufen am Dezember 2022 von
https://www.fragzebra.de/antwort/was-sind-medienintermediäre